série 21

série 21

A Escalada da Carga Tributária

Gustavo Patu

PubliFolha

Os *hippies* chegavam de todas as partes para viver em comunidade na região conhecida pelo cruzamento das ruas Haight e Ashbury, em São Francisco, na Califórnia; o LSD, alucinógeno cultuado pelo movimento, foi declarado ilegal, para desgosto do psicólogo e guru Timothy Leary, que conduzia experimentos com a droga para expandir mente e espírito; em novo capítulo da Guerra Fria, Estados Unidos e União Soviética competiam para chegar primeiro à Lua; Mao Tsé-Tung, na China, lançava sua Revolução Cultural, que resultaria em assassinatos de intelectuais e queima de livros. Era o ano de 1966, com todas as utopias, atrocidades e maluquices típicas da década, e os Beatles, nas palavras de John Lennon, eram mais populares que Jesus Cristo. Mas, em meio a idealismos, psicodelias, contraculturas, pregações de paz e amor, John, Paul,

George e Ringo tinham preocupações bem mais mundanas: estavam pagando impostos demais.

Mais conhecido pelas clássicas "Eleanor Rigby" e "Yellow Submarine", o álbum *Revolver*, lançado naquele agosto, costuma ser citado hoje entre os melhores e mais importantes não só da banda, mas da música popular internacional. O *rock* assumia pretensões maiores, ou, como queiram, ficava mais pretensioso. As canções avançavam além dos tradicionais três minutos de duração e ganhavam cordas, sopros e efeitos de estúdio. Letristas não queriam mais tratar apenas de festas e amores adolescentes. George Harrison, que havia andado pela Índia tomando aulas de cítara e filosofia, teve o privilégio inédito de compor e cantar a faixa inaugural do disco, "Taxman", na qual o coletor de impostos do título avança sobre os lucros do músico.

"Deixe-me dizer como vai ser: são 19 para mim e um para você", era a primeira estrofe, que trata de uma impressionante tributação de 95%. "Se 5% parecem pouco demais, fique grato por eu não levar tudo", completava o coletor.[1] Não era licença poética de um autor ainda imaturo. Naquela época, o Reino Unido taxava mesmo a alíquotas dessa ordem ganhos milio-

---

1 No original: "Let me tell you how it will be/There's one for you, nineteen for me/'Cause I'm the taxman/Should five per cent appear too small/Be thankful I don't take it all".

nários como os dos Beatles. Os percentuais haviam disparado na Segunda Guerra Mundial, para financiar as batalhas contra os nazistas, e se mantiveram altos para sustentar os programas de seguridade criados nos anos seguintes, quando o modelo do Estado do Bem-Estar Social se firmou na Europa.

Em média, os cidadãos britânicos eram tributados em quase um terço de sua renda — considerados todos os impostos, taxas e contribuições cobrados sobre salários, lucros, terras, automóveis, compras e o que mais os governos lembrassem de tributar. Era nada menos que o triplo da carga do início do século na terra de Adam Smith (1723-90), pai do pensamento liberal, que não concebia para o Estado funções mais nobres que a promoção da segurança jurídica e militar. Agora, os cidadãos recebiam não mais proteção contra inimigos armados, mas contra as inseguranças do regime capitalista gestado na ilha e no continente. Políticas públicas de previdência, assistência, saúde, habitação, educação e amparo ao desemprego se multiplicavam. E também os impostos.

Alemanha, França, Holanda, Áustria, Bélgica, Noruega, Dinamarca e Finlândia tinham cargas tributárias na casa dos 30%. Na Suécia, ainda hoje a meca da socialdemocracia, eram quase 36%. No resto do mundo, os governos custavam menos — com exceção, claro, dos países comunistas. Na Índia, referência espiritual de Harrison, bastava um décimo da renda nacional para sustentar todos os serviços públicos. Na Austrália, um quinto. Mesmo na maior potência ocidental, em guerra fria com a URSS e guerra quente no Vietnã, os tributos não consumiam mais de um quarto dos salários e lucros americanos. Livre das despesas bélicas, o Estado japonês tomava apenas 18% da economia do país, que vivia uma fase de prosperidade batizada de "milagre".

No Brasil, que anos depois copiaria a expressão, a ditadura militar impunha a reforma de um anacrônico sistema de impostos, taxas e contribuições e, àquela altura, já havia conseguido elevar a arrecadação de União, Estados e municípios de 16% para pouco mais de 20% do Produto Interno Bruto. O objetivo, porém, não era proporcionar aos brasileiros os confortos do Estado protetor e provedor; tratava-se de conseguir dinheiro para subsidiar empresas e construir estradas, pontes e hidrelétricas destinadas a levar a economia nacional às condições exigidas pelo mundo desenvolvido.

Somente duas décadas depois, em 1988, as sobretaxas que afligiam os Beatles foram definitivamente extintas e substituídas por uma alíquota máxima de 40% do Imposto de Renda. Os *hippies* davam lugar aos *yuppies*, e o Estado do Bem-Estar Social perdia popularidade para um revigorado liberalismo, ou neoliberalismo. O Reino Unido já havia cedido para a Alemanha o posto de segunda economia do mundo, e ambas haviam sido ultrapassadas pelo Japão, enquanto os EUA mantinham a liderança folgada. No diagnóstico vitorioso da primeira-ministra Margaret Thatcher, a decadência britânica e européia era explicada por gastos sociais que encorajavam a acomodação coletiva e tributos que puniam a iniciativa individual. "Você não está trabalhando para ninguém além de mim", como dizia o coletor de impostos da música.[2]

Se o Estado tira dos ricos para dar aos pobres, também pode ser dito, por outro ponto de vista, que se transfere renda dos mais bem-sucedidos para os menos produtivos. O sonho de uma existência segura da infância à velhice cobrava seu preço, em produtos mais caros, menos investimentos, menos empregos. Velhas utopias eram sepultadas enquanto se lembrava que, desde sempre, são o egoísmo, a ganância e a avareza que movem a economia — e produzem os impostos que sustentam os governos e os programas sociais. Para não matar a galinha dos ovos de ouro, a escalada da carga tributária no país, que então chegava aos 36% do PIB, foi sustada.

A moda liberal ainda não havia chegado ao Brasil, onde uma nova Constituição restaurava a democracia e pretendia,

---

[2] "And you're working for no one but me", verso final.

como se repetia a todo momento, "resgatar a dívida social" do país. O Estado brasileiro, às voltas com uma crise de inflação e dívida externa que parecia interminável, recebia missões ambiciosas nas áreas de previdência, saúde, educação e assistência social. O novo pensamento que ascendia ao poder acreditava que uma distribuição mais justa do dinheiro público poderia reduzir ou eliminar a elevadíssima desigualdade social, pela qual se culpavam os anos de crescimento econômico acelerado do "milagre brasileiro" festejado pelos militares. A carga tributária, desde o início da década anterior, oscilava em torno de um quarto da economia, e não se afastaria muito desse patamar pelos dez anos seguintes. Não era pouco. Superava, por larga margem, o que arrecadavam os primos latino-americanos México, Argentina, Chile e Uruguai, para não falar dos mais pobres da família subdesenvolvida. Batia fácil a Coréia do Sul, que já caminhava para ser uma potência econômica, e praticamente empatava com os Estados Unidos.

O tal neoliberalismo, que também chegou ao Brasil na década de 90, pode reivindicar sua cota de vitórias — no mundo das idéias e, dependendo do gosto do freguês, na vida prática. A URSS acabou, o comunismo desapareceu do Leste Europeu e partidos de orientação socialista ou socialdemocrata tiveram de rever suas plataformas; a tese de que o governo poderia manter o pleno emprego com gastos públicos e emissão de moeda caiu em descrédito; os orçamentos ficaram mais equilibrados, e a inflação foi derrubada em todo o mundo. Mas seus adversários puderam rir silenciosamente por último enquanto temiam em voz alta a era do Estado mínimo: o Estado não encolheu.

França, Itália, Áustria, Bélgica, Noruega, Islândia e Finlândia hoje arrecadam mais de 40% da renda de seus cidadãos e empresas para manter seus governos. Na Suécia e na Dinamarca são mais de 50%. Alemanha, Reino Unido, Austrália e Holanda contam com Estados maiores que os da década de 60 e, com exceção da última, pelo menos do mesmo tamanho medido nos anos 80. Nos EUA e no Japão, a carga se mantém um pouco acima de um quarto dos maiores PIBs do mundo. Tampouco houve reduções entre os pobres e remediados, até onde as estatísticas alcançam.

Não é difícil entender: nenhuma sociedade abre mão pacificamente de direitos e serviços prestados pelo Estado, sejam programas de seguridade, sejam ações armadas contra ameaças terroristas; ideologias à parte, governantes são pragmáticos e pensam na receita necessária para sua administração e seu futuro político. Se o corte de impostos pode — não há garantia — trazer crescimento econômico e benefícios gerais, os prejudicados pelos cortes de gastos têm nome, sobrenome, endereço e título de eleitor. Onde chegou mais longe, a onda neoliberal só conseguiu interromper a expansão do Estado. Na maior parte do mundo, a expansão apenas se tornou mais lenta.

O Brasil foi mais original. Em menos de dez anos e em plena hegemonia do pensamento liberal, o Estado cresceu a uma velocidade poucas vezes testemunhada entre países capitalistas e democráticos em tempos de paz. Deixados para trás os tempos de hiperinflação e dívidas externas impagáveis, mas sem que o país pudesse se aproximar da qualidade dos serviços públicos e dos níveis de renda da Europa Ocidental, a carga tributária deixou o patamar de 25% da renda nacional, no qual havia se mantido por mais de duas décadas, e se aproxima da marca de 36%. A mesma do Reino Unido.

Socialdemocracia e Neoliberalismo à Brasileira

"Vamos discutir o tamanho do Estado? É um bom debate, discutir o tamanho do Estado. Às vezes eu vejo: 'Todo tributo é ruim'. Tá, então vamos fazer o quê? O Estado vai viver de quê? Vamos voltar a tomar dinheiro emprestado? Vamos baixar [a carga tributária]? Com a desigualdade de renda que tem aqui neste país? Uma desigualdade muito forte de renda que tem neste país, diferente, por exemplo, de outros países aqui citados. Temos que ver. Suécia: a carga é de 50%, o Estado oferece tudo. Estados Unidos: a carga é menor, o cidadão paga tudo."

Assim falou Jorge Rachid, secretário da Receita Federal, em exposição a deputados federais, boa parte deles, como se vê, reclamando da carga tributária brasileira no dia 6 de setembro de 2007. Auditor fiscal desde 1986, no cargo desde 2003, Rachid conhece o Estado por dentro como poucos. Naquele ano, havia se tornado mais poderoso que todos os seus antecessores, graças à fusão das estruturas de arrecadação e fiscalização dos ministérios da Fazenda e da Previdência Social. Em português mais claro, a assim batizada Super-Receita passou, pela primeira vez, a se encarregar da coleta de todos os tributos federais, incluindo as contribuições sociais destinadas a financiar o pagamento de aposentadorias e pensões. E o discreto e disciplinado burocrata passou a comandar um orçamento de R$ 5 bilhões e um quadro de 20 mil auditores e analistas de tributos, maior que o da grande maioria dos ministérios.

Mas não era para filosofar sobre o papel do Estado que o supersecretário estava em uma sala abafada e lotada na Câmara dos Deputados, ouvindo ataques de oposicionistas e resmungos de políticos aliados. Sua missão era tentar convencer os senhores parlamentares a votar, mais uma vez, a favor da prorrogação da Contribuição Provisória sobre Movimentação Financeira (CPMF), o exótico tributo temporário sobre os débitos em conta corrente. A batalha começava a se mostrar inglória e fazia o governo Luiz Inácio Lula da Silva encenar um dramalhão tributário em que a cada dia alguma autoridade previa uma tragédia diferente em caso de fim da contribuição. "Teríamos de desativar programas como o Bolsa Família", ameaçava o ministro da Fazenda, Guido Mantega. "Sem a CPMF, acabam as internações, os tratamentos de doentes renais crônicos", chorava José Gomes Temporão, da Saúde. "Nem o governo Lula nem o governo de qualquer outro ser humano poderia abrir mão da CPMF", discursava o próprio presidente, em nome de toda a espécie. Conhecedor de sua platéia, Rachid a convidou a fazer de novo uma escolha de quase 20 anos atrás: o Estado que "oferece tudo".

"São direitos sociais a educação, a saúde, o trabalho, o lazer, a segurança, a previdência social, a proteção à maternidade e à infância, a assistência aos desamparados", estabelecia o artigo 6º da Constituição promulgada em 1988 — e o texto foi alterado 12 anos depois para acrescentar a moradia, entre o trabalho e o lazer. Parece apenas o mero proselitismo de conceder direitos a uns que não correspondem a deveres de outros. Mais concretamente, porém, os constituintes descreveram em detalhes a versão nacional do Estado socialdemocrata dos países mais ricos do Ocidente Europeu. Desde então, o governo federal foi obrigado a elaborar dois Orçamentos em separado: o fiscal e o da seguridade social, cada um com suas fontes próprias de receita. O segundo trata da saúde, do seguro-desemprego, da previdência e da assistência social; o primeiro trata de todas as demais despesas. Recursos do primeiro podem ser desviados para o segundo, mas o contrário não deveria acontecer. Recursos do primeiro são obrigatoriamente compartilhados com Estados e municípios; os do segundo, não. A intenção era clara: criar uma rede de proteção social com recursos protegidos das disputas federativas e das restrições trazidas pela crise de endividamento externo da década de 80. Como financiar tudo isso era uma questão mais obscura.

O novo poder civil não alterou o sistema tributário deixado pelos militares, que, afinal de contas, arrecadava bem. A União manteve o Imposto de Renda e o Imposto sobre Produtos Industrializados (IPI), além da contribuição previdenciária e de outros tributos menos importantes. A principal fonte de receita dos Estados seria o ICM, hoje ICMS, cobrado sobre a venda de mercadorias e os serviços de transportes e comunicação. O maior imposto municipal, desde a reforma imposta na década de 60, é o ISS, cobrado sobre os demais serviços. No plano federal, os impostos foram destinados a bancar o Orçamento fiscal; a seguridade ficaria com os recursos de contribuições sociais que poderiam ser cobradas sobre a folha de salários, o faturamento e o lucro das empresas. Elas deveriam complementar os recursos necessários para as novas e ambiciosas metas fixadas para a saúde, a previdência e a assistência social nas leis previstas pelo texto constitucional — incluindo benefícios assistenciais e previdenciários para desvalidos e trabalhadores rurais que nunca contribuíram para o sistema, no valor de um salário mínimo "capaz de atender a suas necessidades vitais básicas e às de sua família com moradia, alimentação, educação, saúde, lazer, vestuário, higiene, transporte e previdência social".

Tivessem sido seguidas ao pé da letra, as regras criadas pela Constituição resultariam em alíquotas de Imposto de Renda dignas de um novo protesto dos Beatles. O IPI, que tributa um número limitado de operações e está comprometido com incentivos ao setor industrial, não arrecada grande coisa, muito menos os demais impostos federais. Da receita do IR, segundo a Constituição, 47% seriam repassados aos Estados e municípios — hoje são 48%; da parcela federal, 18% iriam obrigatoriamente para a educação. O restante teria de bastar para manter e ampliar as Forças Armadas, a Polícia Federal, as estradas, pontes, aeroportos e ferrovias, o corpo diplomático, as reservas ambientais, os assentamentos da reforma agrária, o amparo aos índios, o fomento à agricultura, à indústria, ao comércio, ao turismo e ao esporte, a Câmara, o Senado, os tribunais, o Ministério Público e, o que motiva até hoje embates inflamados, para pagar os credores do governo. O Orçamento fiscal ainda teria de produzir uma sobra de dinheiro para viabilizar a expansão da seguridade, uma vez que as novas contribuições sociais previstas deveriam ter papel menor na arrecadação federal.

O entusiasmo do novo mundo político brasileiro com a socialdemocracia européia se limitava à coluna das despesas do Estado. Ninguém estava disposto a dizer aos eleitores que a tão comemorada derrubada da ditadura significaria impostos mais altos — ainda mais um imposto tão explícito como o que incide diretamente sobre os salários dos trabalhadores e os lucros das empresas.

No ano em que foi promulgado o texto constitucional, os gastos do governo federal somaram exatos 15.857.926.137.634,50 de cruzados, equivalentes a 15,9 quatrilhões dos cruzeiros extintos pelo governo. No ano seguinte, os gastos chegaram a 530 bilhões de cruzados novos, equivalentes a 530 trilhões dos cruzados anteriores. Em 1990, a conta foi a 21,3 trilhões de cruzeiros, agora recriados, equivalentes ao mesmo número de cruzados novos, a 21,3 quatrilhões de cruzados e a 21,3 quintilhões dos cruzeiros anteriores. O que parece um problema fiscal desesperador foi a solução que permitiu ao Estado do Bem-Estar Social brasileiro assumir suas novas funções sem elevar a carga tributária ao longo dos seis anos seguintes: a moeda não valia nada.

Com inflação de 30% ao mês, um salário mínimo de R$ 1.900 — o necessário para cumprir as exigências constitucionais, segundo o Dieese[3] — se transforma em um de R$ 106 dentro de um ano. Se a inflação mensal é de 82%, como a medida pelo Instituto Nacional de Preços ao Consumidor (INPC) em março de 1990, o salário cai a R$ 2,62 em 12 meses. Como a receita dos tributos acompanha a variação dos preços, ao contrário do que acontece com as despesas fixadas pelos Orçamentos, qualquer programa ou benefício social, por mais generoso que fosse, se tornava barato em algumas semanas.

Era um sucesso de contabilidade, mas não de público. Os candidatos identificados com o governo José Sarney mereceram votações vexatórias nas eleições presidenciais de 1989, as primeiras desde o fim do regime militar. Maior partido de então, dono da maioria das cadeiras na Constituinte, o PMDB não mais voltaria ao Palácio do Planalto. A pobreza atingia nada menos de 40% da população, mesmíssimo percentual do início da década. A desigualdade havia até aumentado: medida pelo índice de Gini, que utiliza uma escala de zero a dez, chegava a 0,636, contra 0,593 dez anos antes.[4]

---

3 Cálculo de fevereiro de 2008 do Departamento Intersindical de Estatística e Estudos Socioeconômicos.

4 Os números referentes à pobreza e à desigualdade citados neste livro são do

* * *

O Brasil parecia outro na tarde de 29 de novembro de 1994, quando duas dezenas de ministros e outras autoridades de governo compareceram ao auditório do edifício-sede do Banco do Brasil, na capital, para um encontro com 76 representantes do empresariado e do meio sindical, divididos igualmente. Tratava-se da instalação de uma tal Câmara Consultiva Estrutural para a Competitividade, destinada, como rezava o decreto presidencial, a "coordenar a discussão de temas e harmonizar as ações destinadas ao incremento da competitividade estrutural brasileira, cooperando na formulação de estratégias, na proposição de medidas e na implementação de ações".

Com uma pauta como essa e tanta gente reunida, é óbvio que nada de concreto foi decidido, mas ninguém estava preocupado com isso. O clima era de otimismo e congraçamento: governo e empresários estavam felizes — os sindicalistas, nem tanto — com a eleição de seu candidato, Fernando Henrique Cardoso, à Presidência, graças a um plano econômico que finalmente con-

---

Instituto de Pesquisa Econômica Aplicada (IPEA). Há valores diferentes em outras fontes, apurados com variadas metodologias. Mas as tendências de queda ou aumento ao longo do tempo, em geral, são coincidentes.

seguiria reduzir a inflação a níveis civilizados. A dívida externa havia sido renegociada e estava sendo paga em dia. As questões aparentemente insolúveis do passado eram dadas como resolvidas, e um período de infinitas possibilidades parecia estar apenas no início. Ali, a etiqueta recomendava discursos de apoio e confiança nos poderes miraculosos das reformas que, ninguém duvidava, o novo governo levaria adiante. Mas um convidado ilustre estragou a festa.

Estrela emergente da política, Ciro Gomes havia conquistado projeção nacional ao deixar o governo do Ceará para assumir emergencialmente o Ministério da Fazenda dois meses antes, em plena campanha eleitoral. Assim como o presidente eleito, pertencia ao PSDB, partido criado durante as discussões da Constituição, a partir de uma dissidência do PMDB. Ciro não poderia ser mais diferente, porém, do estilo cuidadoso, diplomático e conciliador de seus colegas da cúpula tucana. Até hoje, fala por impulso, gosta de provocar a audiência e por vezes é desnecessariamente agressivo. Na Fazenda, prometeu "porradas" para combater a inflação, chamou de "otários" os motoristas que aceitavam pagar ágio na compra de gasolina e anunciou que poderia elevar os juros "lá para o céu". Naquele dia, o ministro foi, mais uma vez, inconveniente — mas verdadeiro. Afirmou o que atualmente soa óbvio: a carga tributária teria de subir, e muito.

"Se a arrecadação não chegar a 30% do PIB, esqueçam qualquer esperança de melhoria da coisa pública."

Era o oposto do que pregava o discurso economicamente correto da época, já dominado pelo pensamento neoliberal. Embora seu partido trouxesse a socialdemocracia na sigla, FHC e seus correligionários já haviam adaptado teoria e prática aos novos tempos. Falava-se de estabilidade monetária, de austeridade, de abertura da economia, de quebra dos monopólios do Estado, de privatização de empresas públicas, de globalização, sempre de olho nos bilhões de dólares em capital externo disponíveis para investimento e especulação no país. A palavra mágica era "reforma", fosse fiscal, tributária, previdenciária, econômica, trabalhista, política ou administrativa, e significava mudar a Constituição. Um novo ordenamento jurídico teria o poder de tirar o país do atraso, sem — e isso era importante — sacrificar os objetivos de reparação social. "Nós já podemos dizer, com toda a tranqüilidade, que somos uma sociedade democrática, que nós acreditamos nas reformas, que nós faremos as reformas e que essas reformas só têm um norte: o bem da maioria. Portanto, não há nenhuma oposição entre a justiça social e as reformas que nós vamos fazer", discursou FHC, em 10 de fevereiro de 1995, ao mesmo grupo que havia ouvido Ciro. Desta vez, eles só ouviram o que queriam.

Se as convicções socialdemocratas do PMDB não valiam para as receitas, as convicções neoliberais do PSDB não chegavam ao ponto de reduzir as despesas do governo. Sem a antiga ajuda da inflação, os gastos totais com programas sociais, salários do funcionalismo, custeio administrativo e investimentos passaram de R$ 122 bilhões, em 95, para R$ 176 bilhões ao final do primeiro mandato do presidente. Com reformas e tudo, o Estado até perdia funções, mas mantinha e até ampliava um pouco sua participação na economia, enquanto os gastos federais passavam de 17,3% para 18% do PIB. De uma só vez, logo no início do governo, o salário mínimo foi elevado de R$ 70 para R$ 100, contra a vontade do presidente, é verdade, mas ironicamente por pressão de seus aliados do antigo Partido da Frente Liberal, que no futuro desistiria do adjetivo e passaria a se chamar Democratas.

Consensuais no mercado financeiro, influentes na burocracia estatal e na academia, as teses liberais nunca foram capazes de empolgar corações e mentes de eleitores e eleitos nesta parte do mundo. Seja pelas raízes ibéricas e católicas, seja pelas taxas anormalmente elevadas de desigualdade social, é forte na América Latina a demanda pela intervenção do Estado na economia e na distribuição de renda. Ainda que em termos simplistas, uma pesquisa internacional conduzida entre os anos de 1995 e 1997[5] ajuda a dimensionar esses valores: 76% dos brasileiros ouvidos disseram acreditar que os pobres são pobres porque "a sociedade é injusta". Essa também foi a resposta da maioria dos pesquisados em países como México, Argentina, Uruguai, Venezuela e Peru. Mesmo no Chile, o mais liberal dos latino-americanos, o percentual foi de 55%. Nos EUA, em comparação, 61% escolheram a alternativa segundo a qual "os pobres são preguiçosos". A pesquisa apontou ainda que, para 70% dos brasileiros, "os pobres têm uma chance muito pequena de escapar da pobreza".

A carga tributária estava na casa dos 27% da renda nacional em 1998, mas ainda não se tratava da escalada prevista quatro anos antes por Ciro Gomes, agora candidato oposicionista à Presidência, mas principalmente por causa de um fenômeno alheio às intenções do governo: a história dos planos econômicos mostra que uma redução brusca da inflação é quase sempre acompanhada de uma alta da arrecadação — que em 1994, no Plano Real, havia beirado os 30% do PIB. Ao manter estável o tamanho do Estado, o primeiro tucanato seguia a tradição dos neoliberais mais ideológicos do mundo desenvolvido. As reformas,

---

[5] Lidert, Kathy; Linder, Anja; Hobbs, Jason & la Brière, Bénédict, "World Values Survey". Em: *The Nuts And Bolts of Brazil's Bolsa Família Program: Implementing Conditional Cash Transfers in a Decentralized Context* (**Washington**: Banco Mundial, 2007).

paulatinamente, perderam a aura de panacéia: mostravam-se de difícil negociação no Congresso e de resultados efetivos muito mais modestos do que se anunciava, com exceção, claro, da emenda que permitiu a reeleição do presidente. O capital político de FHC, até então, não dependia de programas de seguridade nem de fóruns de competitividade estrutural. O que lhe deu um segundo mandato foram os impactos da estabilidade monetária sobre a pobreza, reduzida a 34% da população, e a desigualdade de renda, agora de 0,6 na escala de zero a um — ainda entre as mais altas do mundo, mas movendo-se para baixo pela primeira vez desde a redemocratização do país.

Mas a relativa estabilidade das despesas públicas no período era apenas aparente. Enquanto se mantinha o ritmo dos gastos com pessoal, seguridade, custeio e obras, não se fazia a economia necessária para cumprir os encargos da dívida pública, que voltava a crescer rapidamente. O motivo eram os juros fixados pelo Banco Central, que, como havia ameaçado Ciro, estavam mesmo no céu. As despesas financeiras do governo saltaram, ao longo daqueles quatro anos, de 2,65% para 5,56% do PIB, ou impressionantes R$ 54 bilhões (na época). Vencida a inflação, o Estado se financiava agora com dinheiro emprestado, a opção que seria mencionada em tom de reprovação por Jorge Rachid quase dez anos depois. Naquelas proporções, o endividamento era, de fato, insustentável. Investidores e especuladores estrangeiros deixaram o Brasil, a economia entrou em colapso e o socorro do Fundo Monetário Internacional (FMI) foi necessário.

Já no primeiro ano de seu segundo mandato, FHC anunciou uma reformulação de sua política econômica. Entravam em cena expressões como "superavit primário", "metas de inflação" e "câmbio flutuante", todas condizentes com as páginas mais puristas da cartilha liberal. Na vida real, a providência mais importante a ser tomada não podia ser dita em público. Depois da socialdemocracia com inflação e do neoliberalismo com endividamento, chegava a hora de aumentar os impostos.

Quer Pagar Quanto?

Para quem queria evitar polêmica, sustos e medos em sua quarta candidatura à Presidência, foi um escorregão e tanto. Em 25 de abril de 2002, quando concedia uma entrevista coletiva em Salvador, Lula defendeu um aumento do Imposto de Renda. "Precisamos criar alíquotas mais justas, numa escala que vá de 5% a 50%", como reportaram os jornais do dia seguinte.

Era a reprodução de uma velha proposta do PT, a mais esquerdista das siglas que dominaram o cenário político nacional pós-ditadura. Naquele ano, porém, os petistas faziam seu caminho rumo ao centro, nos passos já trilhados por tucanos e peemedebistas. Fora o deslize cometido na Assembléia Legislativa baiana, não se falava mais em tirar dos ricos para dar aos pobres. O discurso de confronto, de ruptura com a ordem estabelecida, havia sido abandonado. "Lulinha não quer briga. Lulinha quer paz e amor", diria o candidato meses mais tarde, sem mencionar impostos e alíquotas.

Perto do poder, o partido passava a aceitar o controle dos gastos públicos, a política de juros altos, o pagamento da dívida externa e — suprema heresia — os acordos com o FMI. O coordenador da campanha, Antonio Palocci Filho, que personificava a conversão petista, garantiria depois da eleição a permanência da alíquota máxima do IR em 27,5%. "No Brasil, uma alíquota máxima próxima de 30%, como há hoje, está de bom tamanho. O Estado brasileiro não garante saúde e educação para toda a população. Quando o Estado garante esses serviços, justifica-se um imposto maior. No mundo civilizado é assim."

Não há no mundo civilizado critérios objetivos para estabelecer quando uma tributação está ou não "de bom tamanho", ou seja, compatível com as necessidades da população e a qualidade dos serviços prestados pelo Estado. Quando o limite do razoável é ultrapassado, o que não é incomum, as conseqüências podem ser dramáticas — afinal, trata-se do contrato mais palpável entre o indivíduo e o poder público. A Coroa portuguesa cobrava o quinto, ou 20% de todo o ouro encontrado no Brasil, o que (alguns autores sustentam e outros discordam) originou a expressão "o quinto dos infernos". Mais consensualmente, a insatisfação com impostos esteve nas origens da Inconfidência Mineira, da Revolução Americana e da Revolução Francesa, entre outros movimentos de inspiração liberal. Há explicações para a atual tolerância com cargas tributárias de 20%, 30%, 40%, 50% do PIB. Uma delas, certamente, é a oferta de saúde, educação, previdência, segurança e infra-estrutura. Não saber quanto se paga é outra.

Em seu formato atual, o Imposto de Renda começou a ser cobrado na Inglaterra em 1799, sob muita resistência e controvérsia, para financiar a guerra contra Napoleão Bonaparte. Por incrível que pareça, até hoje é cobrado em caráter provisório no Reino Unido — a cada ano, precisa ser renovado pelo Congresso. Em todo o mundo, é o mais transparente dos tributos: o próprio contribuinte calcula e declara a quantia a pagar. Também é fácil saber quanto é o IPVA do carro e o IPTU do apartamento; a contribuição para a previdência social pode levar até 11% do salário; quem compra um imóvel sabe que terá de pagar 2% do valor do negócio ao município; quem recebe uma boa herança paga 4% aos cofres estaduais. Esses são os tributos diretos, cobrados sobre a renda e o patrimônio. Se dependessem apenas deles, muitos governantes teriam de se conformar com o Estado mínimo dos sonhos dos liberais mais ortodoxos.

A alternativa mais paz-e-amor é contar com os tributos indiretos, aqueles incidentes sobre as operações das empresas, a venda de mercadorias e a prestação de serviços. Os empresários recolhem o dinheiro para o governo e, sempre que podem, passam o custo para o preço dos produtos. Quem compra o automóvel paga, sem reclamar, o imposto sobre o aço, os parafusos, os vidros, o couro dos bancos, a borracha dos pneus, a eletricidade da fábrica, o computador de bordo e — sejamos redundantes — sobre o próprio automóvel. Há impostos diluídos nas contas de luz, água e telefone, no condomínio do prédio, na passagem de ônibus, no material escolar, na gasolina, nos empréstimos do banco, no serviço do pintor, do marceneiro e do psicanalista. Os tributos sobre o consumo são mais fáceis de cobrar, de fiscalizar, de aprovar no Congresso, de aumentar. Não dão a trabalheira do Imposto de Renda, não suscitam discussões sobre a justiça social, não têm suas alíquotas comparadas com a qualidade dos serviços do Estado. No Brasil, da ditadura à democracia, provaram sua utilidade.

Enquanto os Beatles reclamavam do Imposto de Renda britânico, os militares brasileiros criavam, em 1966, três impostos indiretos: o IPI, federal, o ICM, estadual, e o ISS, municipal.

Os dois primeiros foram resultado da reformulação de impostos anteriores, com inovações que colocariam o país na vanguarda da tributação sobre o consumo. Antes de boa parte do mundo desenvolvido, entrava em cena um modelo que eliminava a distorção provocada pela incidência de um imposto em todas as etapas da produção e do comércio, conhecida no jargão tributário como cumulatividade. Um imposto cumulativo tributa a venda da laranja do fazendeiro para o atacadista; depois, a chegada da fruta ao supermercado; em seguida, a venda para a lanchonete — e quem toma o suco acaba pagando a sucessão de alíquotas acumuladas. Com o ICM e o IPI, os produtores foram autorizados a descontar do imposto a pagar os gastos com insumos e matérias-primas; em outras palavras, o dono da lanchonete só é tributado sobre a diferença entre o preço do suco e o da laranja comprada do supermercado. O mecanismo gera muita burocracia, mas é engenhoso: evita, por exemplo, que o excesso de tributação prejudique a exportação de produtos mais elaborados. Na Europa do Bem-Estar Social, a idéia foi consagrada com o nome de Imposto sobre Valor Agregado — e o Brasil até hoje quer batizar assim um de seus tributos.

Eram tempos de pesada intervenção estatal na economia, e os impostos indiretos ganhavam múltiplas alíquotas para estimular diferentes setores e regiões. Na recém-criada Zona Franca de Manaus, para ficar no exemplo mais clássico, as empresas ficavam livres do ipi e do icm sobre as vendas para o restante do país, além de ganhar isenção do Imposto de Importação, também indireto, para os insumos. Para evitar queda da arrecadação, o regime militar criou, em 1970, dois novos tributos cumulativos: as contribuições para o Programa de Integração Social (pis) e para o Programa de Formação do Patrimônio do Servidor Público (Pasep), incidentes sobre o faturamento das empresas — ou seja, sobre todas as suas receitas com a venda de produtos e serviços. Doze anos depois, quando começava a crise da dívida externa que apressaria a redemocratização, nova contribuição cumulativa sobre o faturamento é instituída para manter o Fundo de Investimento Social (Finsocial).

ipi, iss, ii, pis, Pasep, Finsocial e outras siglas menos importantes seriam todas mantidas pela "Constituição cidadã" de 1988, que transformava o icm em icms e também abria caminho para mais tributos. No mesmo ano seria criada a Contribuição Social Sobre o Lucro Líquido (csll); três anos depois, o Finsocial se transformava na atual Contribuição para o Financiamento da Seguridade Social (Cofins), com alíquotas mais altas. Em 1993, o sistema tributário nacional se tornaria ainda mais peculiar. Além do número recorde de tributos sobre o consumo, governo e Congresso introduziam no texto constitucional um imposto provisório, indireto e cumulativo, sobre a movimentação financeira, ou, mais precisamente, sobre os débitos em conta corrente. Era uma invenção tipicamente latino-americana: tributos semelhantes haviam sido criados antes na Argentina e no Peru; Colômbia, Equador e Venezuela seguiriam a idéia depois. "Temos de mudar o enfoque, mudar os objetivos, mudar a cultura egoísta e caminhar para um clima de solidariedade capaz de reduzir dificuldades e violência", escreveu na *Folha de S.Paulo* de 6 de janeiro de 1996 o cardiologista Adib Jatene, que, à frente do Ministério da Saúde, conseguiu superar as resistências da área econômica e convencer Executivo e Legislativo a recriar o tributo, agora na forma de uma contribuição destinada ao setor.

Até ali, a barafunda tributária nacional ainda não significava um Estado maior que o do final dos anos 60. Mas as armas já estavam todas à disposição.

* * *

Nada sugeria o início de uma grande amizade quando Palocci e Everardo Maciel se encontraram na manhã de 6 de outubro de 1999 em uma das salas abafadas e lotadas da Câmara. O primeiro era deputado eleito pelo PT paulista e segundo vice-presidente de uma comissão encarregada de elaborar um projeto de reforma tributária; o segundo, ligado ao PFL, era secretário da Receita Federal do governo FHC e cético quanto à conveniência de reformular o sistema nacional de impostos, taxas e contribuições. O deputado petista, em coerência com o ideário da esquerda, cobrou mais ênfase nos tributos diretos e criticou a CPMF, defendida pelo secretário.

"Falou-se muito mal da CPMF. Eu mesmo falei. Eu me incluo no rol desses críticos, para dizer que não foram outras pessoas. Foram apontados inúmeros defeitos. Eu, inclusive, apontei alguns desses defeitos. Portanto, estou fazendo uma autocrítica", disse Everardo, enquanto listava as virtudes recém-descobertas do antigo imposto do cheque, um inesperado sucesso de arrecadação. "Não me convenço da sua necessidade nem de que possa ter algum caráter positivo", respondeu Palocci. Naquele ano, a alíquota da contribuição estava sendo praticamente duplicada, de 0,2% para 0,38%.

Um mês depois, a Receita divulgaria um documento de ataque direto ao projeto elaborado pela comissão, que, como todas as tentativas de reforma tributária pós-redemocratização, acabou sendo abandonado. Apesar do episódio, ou talvez por causa dele, Palocci se tornou um admirador de Everardo. Depois de se tornar, no ano seguinte, prefeito de Ribeirão Preto, o petista chamaria o secretário à cidade para uma consultoria informal sobre formas de elevar a receita municipal. Eleito

Lula presidente, Palocci se tornou coordenador da equipe de transição de governo, para a qual Everardo foi indicado como representante do Ministério da Fazenda. Nomeado futuro ministro, Palocci chamou para a Receita o principal auxiliar de Everardo, Jorge Rachid. Em 2003, a primeira proposta de reforma tributária de Lula seguiu as diretrizes deixadas por Everardo. Em 2007, já de volta à Câmara, Palocci foi incumbido de relatar o projeto de prorrogação da CPMF e chamou o ex-secretário da Receita para, ao lado de Rachid, falar a favor da contribuição em exposição aos deputados.

Everardo havia chegado à equipe econômica de FHC como um estranho no ninho. Não era tucano, não era da PUC do Rio, não era apologista de reformas, não era sequer economista de origem — sua graduação era em geologia. Primo distante do vice-presidente Marco Maciel, fazia parte da cota pefelista no governo, mas tampouco podia ser considerado um liberal de teoria e prática. Só se tornou um protagonista quando a prioridade das prioridades passou a ser produzir um excedente de caixa suficiente para conter a escalada da dívida pública, acalmar os credores e investidores, sustar a disparada do dólar e evitar a volta da inflação. Mais importante: ao contrário do que prega a cartilha ortodoxa, o tal superavit primário não poderia ser produzido com cortes de despesas. Afinal, não era apenas a economia que precisava sair do atoleiro; a sustentação política do presidente não podia mais depender de um plano econômico em colapso, e a demanda por gastos públicos crescia. Os anos seguintes seriam de reajustes mais generosos para o salário mínimo e da criação de programas de transferência de renda como o Bolsa Escola, mais tarde ampliado e transformado no Bolsa Família.

Não só a alíquota da CPMF foi elevada de imediato, mas também a da Cofins, de 2% para 3% — quando o antigo Finsocial fora criado, a taxação não passava de 0,5%. Optava-se por buscar receita com os dois principais tributos federais indiretos e cumulativos, ou seja, os que mais produziriam distorções na formação dos preços e na organização da economia. Mas, ao mesmo tempo, era o dinheiro mais fácil de arrecadar. Com a CPMF, bastava um registro eletrônico de um débito em conta corrente: um cheque, uma aplicação financeira, um saque e, no mesmo momento, a contribuição a pagar estava calculada, sem perigo de sonegação. No caso da Cofins, incidente sobre o faturamento das empresas, todas as empresas, lucrativas ou não, de todos os setores, eram atingidas, sem a burocracia necessária na tributação sobre valor agregado.

Até tributos indiretos de natureza regulatória, destinados a incentivar ou desestimular setores e operações, passaram a ser usados para aumentar a carga tributária — com a vantagem de que podem ser elevados por decreto presidencial, sem necessidade de aprovação por deputados e senadores. O Imposto de Importação, normalmente usado para proteger a produção nacional da concorrência estrangeira, teve suas alíquotas elevadas em três pontos percentuais. O Imposto sobre Operações Financeiras (IOF), cujo papel é auxiliar a política monetária no controle das operações bancárias, passou por um aumento generalizado de alíquotas para compensar um atraso na prorrogação da CPMF pelo Congresso. Outras medidas tinham alcance menor e menos perceptível, mas, somadas, mostravam sua eficiência. Aumento do IPI para bebidas; novo cálculo do IPI, do PIS e da Cofins na venda de automóveis; novo cálculo para PIS e Cofins sobre os combustíveis. Outro tributo regulatório, que acabou se tornando fonte imprescindível de arrecadação, foi criado em 2002: a Contribuição de Intervenção no Domínio Econômico (Cide) sobre os combustíveis.

De herança para Lula e Rachid, FHC e Everardo deixaram uma lei que transformava o PIS e o Pasep em contribuições não — cumulativas, mas com grande elevação nas alíquotas, de 0,65% para 1,65%. No ano seguinte, o governo petista faria o mesmo com a Cofins, cujas alíquotas subiram de 3% para 7,6%, embora quase todos os especialistas — as exceções estavam no governo — sustentassem que haveria um grande aumento da carga. Corria o ano de 2003, e Palocci, no comando da Fazenda, fazia de tudo para convencer a todos das melhores intenções liberais de sua política econômica. Sua promessa, formalizada a todos os principais dirigentes de entidades empresariais do país, foi a de manter estável a arrecadação deixada pelos tucanos. Em troca, o empresariado apoiaria a nova proposta de reforma tributária enviada ao Congresso. A reforma, porém, foi abandonada no meio do caminho; dela, só foram aproveitadas mais uma prorrogação por quatro anos da CPMF (que a proposta original pretendia tornar definitiva) e a permissão para a cobrança de PIS e Cofins sobre produtos importados. A carga dos dois tributos se tornou tão alta que vários setores pressionaram governo e Congresso e conseguiram ser mantidos no regime de cobrança cumulativa, com as alíquotas anteriores.

Em apenas dois mandatos presidenciais, o patamar de um quarto da renda nacional no qual a carga tributária foi mantida por quase três décadas se tornou um passado distante. Quando Lula foi reeleito, em 2006, a arrecadação dos governos federal, estaduais e municipais chegava a 34% do PIB, segundo o cálculo mais recente da Receita Federal. No ano seguinte, pela maior parte das estimativas, ficou entre 35% e 36%, e nada garante que a escalada tenha sido interrompida. Vinte anos depois da Constituição, os três principais partidos políticos pós-redemocratização, PMDB, PSDB e PT, criaram o único Estado de dimensões européias no mundo subdesenvolvido não-europeu — um país com renda *per capita* de US$ 8.600 com tributação semelhante à de países onde o total de riquezas produzidas em um ano passa dos US$ 30 mil por habitante, caso de Alemanha e Reino Unido.

Estatais foram privatizadas, a intervenção na economia foi reduzida, e o gasto público se concentra cada vez mais em transferências de renda: aposentadorias, pensões, salários, benefícios assistenciais, seguro-desemprego e, em proporções nada desprezíveis, remuneração dos credores da dívida do governo. Com queda da inflação, reajustes do salário mínimo e novos programas sociais, a desigualdade finalmente foi reduzida nesses últimos 15 anos, embora ainda esteja nos níveis mais altos do planeta e semelhantes aos do início dos anos 80. Os pobres passaram de 40% para 30% da população, mas países tão diferentes quanto Chile, Índia e China conseguiram resultados muito melhores no período. Se há benefícios palpáveis, embora relativos, o custo do Estado é menos visível: a metade quase exata da arrecadação, hoje, vem de contribuintes que não sabem quanto estão pagando em ICMS, Cofins, IPI, PIS, ISS e outros tributos indiretos — e, portanto, não podem julgar se a carga, como diria Palocci, "está de bom tamanho".

A Copa do Mundo É Nossa

Branco e sua mulher, Estela, compraram geladeira, forno, máquinas de lavar louça e de lavar roupa. De tão grande, a bagagem do lateral-esquerdo, autor de um gol salvador contra a Holanda, não coube no avião que levaria os demais jogadores dos Estados Unidos ao Brasil e teve de seguir em outro. No vôo oficial, já havia 17 toneladas de equipamentos elétricos e eletrônicos, roupas, tênis, carrinho de bebê, sela de cavalo, brinquedos e presentes que precisaram de dois caminhões e seis caminhonetes para serem transportados. Em 19 de julho de 1994, preparava-se a festa para a chegada do time que havia conquistado a quarta Copa do Mundo brasileira, a primeira desde a aposentadoria de Pelé. Era o mês de lançamento do real, a moeda que valia mais que o dólar. Mas era dia de lembrar que subdesenvolvimento não é só moeda fraca.

A primeira parada foi Recife. Depois, Brasília e a obrigatória cerimônia no Palácio do Planalto, com os cumprimentos e as medalhas entregues pelo presidente Itamar Franco e as vaias da multidão aos ministros presentes. Já passava das 23h quando os sorrisos e comemorações se transformaram em gritos e ameaças, no aeroporto do Galeão, Rio de Janeiro, última cidade da maratona. Os jogadores cercaram funcionários que pretendiam inspecionar a bagagem e cobrar os impostos devidos em caso de compras superiores a US$ 500 por pessoa. No meio do grupo, com uma réplica da taça nas mãos, o artilheiro e herói Romário queria ser liberado logo daquela chateação. O presidente da Confederação Brasileira de Futebol, Ricardo Teixeira, telefonou para o ministro da Casa Civil, Henrique Hargreaves, que telefonou para o ministro da Fazenda, Rubens Ricupero, e não se sabe bem quem disse e quem fez o quê. O certo é que os ídolos puderam sair e desfilar para os cariocas pela madrugada, enquanto quatro caminhões, escoltados por dois carros de polícia, levavam as malas e pacotes para o Hotel Intercontinental. Só a cozinha de Branco teve de esperar alguns dias.

Milionários, ricos, remediados e emergentes percebem as distorções do sistema tributário brasileiro, mesmo quando têm coisas mais divertidas em mente, ao fazer compras em Miami ou algum outro destino turístico nos EUA. Podemos não conhecer a miríade de tributos indiretos embutidos aqui no preço de uma calça *jeans* ou um aparelho de DVD, mas é fácil notar que os produtos de lá são muito mais baratos, e a diferença é maior quanto mais sofisticado for o artigo comprado. A carga tributária americana não apenas é bem menor que a brasileira, mas também concentrada em tributos diretos, sobre a renda e, em proporções bem menores, a propriedade. Os tributos sobre o consumo, que respondem por metade da arrecadação no

Brasil,[6] são apenas 17% da receita pública nos EUA. Lá, essa modalidade praticamente se limita às *sales taxes*, cobradas pelos governos locais apenas nas vendas do varejo e cujo valor — como todo turista já pôde testemunhar — é informado sem rodeios ao consumidor.

Na Europa desenvolvida, a tributação do consumo é mais importante na arrecadação, mas nada que se aproxime do padrão brasileiro. Na Suécia, terceiro lugar na Copa de 1994 e campeã mundial de carga tributária, os impostos embutidos nos preços dos bens e serviços são apenas um quarto da arrecadação do governo, mesma proporção da França, Bélgica, Itália e Suíça. Na casa dos 30%, 35%, estão Reino Unido, Holanda, Finlândia e Dinamarca. No topo da lista, Islândia, Portugal e Eslovênia chegam aos 40%. No resto do mundo desenvolvido, a proporção fica pouco abaixo dos 20% no Japão, dos 30% na Austrália e dos 35% na Coréia do Sul; no Canadá, são 25%. Os percentuais eram bem mais altos 50 anos ou um século atrás; a arrecadação baseada na tributação direta da renda é uma tendência recente na história e só está consolidada nos países mais ricos, onde, é óbvio, há mais renda. Tributar a renda não é só mais difícil politicamente: também exige mais burocracia, mais funcionários, mais fiscalização.

---

6   Ver o anexo estatístico, ao final deste livro.

Por isso, ainda é comum encontrar nos países das regiões menos prósperas do mundo governos que se mantêm graças à tributação indireta. O que não há nessas regiões é um Estado tão grande como o brasileiro, que consome mais de um terço da renda nacional. Com uma tributação sobre o consumo equivalente a algo como 18% do PIB, o país só tem alguns poucos e exóticos rivais no planeta, casos da semigelada Islândia e da turbulenta Turquia.

As conseqüências dessa anomalia não se resumem às bugigangas trazidas pelos turistas dos EUA ou à muamba dos sacoleiros que chegam do Paraguai. Os produtos nacionais, mais caros, perdem mercados no exterior, em especial os mais elaborados, que passam por diversas etapas de produção. Também é mais difícil comprar máquinas, veículos e equipamentos destinados a ampliar a capacidade produtiva do país, apesar do consenso geral contrário à tributação dos investimentos. Pequenos varejistas se tornam camelôs para escapar dos tributos; grandes estabelecimentos contratam escritórios especializados em busca de brechas na legislação. Um estudo conduzido pelo Banco Mundial e pela PricewaterhouseCoopers apontou que, no Brasil, empresas de médio porte gastam em média 2.600 horas por ano com a papelada necessária para o pagamento de impostos e contribuições. Em segundo lugar no *ranking* global, com 2.085 horas, vem a Ucrânia, uma ex-república soviética.

Mas não são os empresários quem têm mais a reclamar. Nem os ricos.

Do milionário ao miserável, a tributação direta é decrescente. O primeiro está sujeito a um Imposto de Renda muito próximo do teto de 27,5%; o segundo não paga nada; entre um e outro, a combinação de alíquotas e deduções garante um sistema progressivo de tributação, no qual quem pode mais paga mais, e não apenas em valores absolutos — os mais abonados também têm de sacrificar uma parcela maior de seus ganhos para manter o Estado. Na tributação sobre o consumo acontece o exato oposto: quanto menor a renda, maior será a parcela tomada pelo Estado. Quem compra um par de sapatos por R$ 40 está pagando algo como R$ 16 em impostos e contribuições, seja qual for sua condição social. Para um grande banqueiro, é virtualmente nada; para o funcionário que recebe o maior salário autorizado no serviço público brasileiro, trata-se de 0,07% de sua renda mensal; para a empregada doméstica são 3,9% do salário mínimo; para a mãe de cinco crianças e adolescentes em situação de extrema pobreza são 9,3% do maior benefício pago pelo programa Bolsa Família.

Um estudo divulgado pelo Ministério da Fazenda em 2003 apontava que os 10% mais pobres da população destinavam perto de 30% de sua renda ao pagamento de tributos, indiretos na quase totalidade; para os 10% mais ricos, a tributação total, direta e indireta, não chegava a um quarto da renda. Números diferentes foram obtidos por outros estudos e outras metodologias, nenhuma delas capaz de calcular com precisão indiscutível o peso de todos os tributos, alíquotas e regras existentes. De consensual, sabe-se que os pobres brasileiros arcam com um custo desproporcionalmente alto para o financiamento do Estado e dos programas sociais que, ao menos em tese, deveriam beneficiá-los em primeiro lugar. Na economia e no direito, entende-se que a carga tributária deve ser compatível com a renda, seja do país como um todo, seja do cidadão em particular. "Sempre que possível, os impostos terão caráter pessoal e serão graduados segundo a capacidade econômica do contribuinte", diz o artigo 145 da Constituição. As possibilidades, pelo visto, se mostraram escassas.

Com carga tributária de país europeu, o Brasil tem tributação direta e progressiva de Terceiro Mundo. Um estudo feito em 2001 pela Receita Federal apontou que aqui a alíquota máxima do Imposto de Renda é inferior à de países como Argentina, Chile, México, Coréia do Sul, Japão, Austrália e Estados Unidos, onde o Estado é menor, mas os cidadãos mais ricos pagam de 29% a 47% de IR. A rejeição nacional a essa modalidade pode ser ideológica ou apenas pragmática. Lula criticou FHC quando, em 1995, foi eliminada a alíquota máxima de 35%; o governo petista, no entanto, não apresentou sequer um mero projeto de lei para tentar elevar o teto — que chegava a 60% no final do período militar e no início do governo Sarney. "O Imposto de Renda, venerado como instrumento de justiça social, é um imposto burro; e tanto mais burro quanto mais progressivo. Para começo de conversa, a justiça social se faz do lado da despesa, que deve ser direcionada para privilegiar os mais pobres", debochava, em 1996, Roberto Campos, ícone do liberalismo. "Seria ótimo na década de 50 ter imposto progressivo de renda e de propriedade. Mas, se não se pode ter, então usemos o que melhor dispusermos, aumentemos a carga, usemos subsídios e a teoria fiscal como política redistributiva e alocativa", relembrou, em entrevista, Maria da Conceição Tavares, referência do pensamento econômico de esquerda.[7]

* * *

O texto constitucional não havia completado três anos quando surgiu a primeira iniciativa do Executivo federal para reformular todo o sistema nacional de impostos e contribuições. Em 1º de agosto de 1991, um decreto assinado pelo presidente Fernando Collor criou uma comissão de especialistas encarregada de propor

---

[7] A declaração de Roberto Campos está em artigo publicado pela *Folha* em 21.7.1996; a de Maria da Conceição Tavares está em Biderman, Ciro; Cozac, Luis Felipe & Rego, José Márcio, *Conversas Com Economistas Brasileiros* (São Paulo: Editora 34, 1996).

uma reforma destinada a "elevar os níveis de eficiência, eqüidade e operacionalidade do sistema tributário [...] ao mesmo tempo em que se estimule a atividade econômica e a justiça social". Àquela altura, o primeiro presidente eleito após o fim da era militar já perdera boa parte de seu encanto, com o fracasso do plano radical de combate à inflação, baseado no confisco de dinheiro das contas correntes, da caderneta de poupança e das aplicações financeiras. Na economia, os efeitos da pior recessão já medida no país; na política, conflitos com o Congresso e denúncias de corrupção. Collor, porém, levava adiante, no que havia de real e de peça de *marketing*, a agenda da modernização capitalista ditada pelo receituário batizado, no ano anterior, de Consenso de Washington. A comissão deu origem a outra, notáveis entraram, notáveis saíram e, em 1992, finalmente, saiu uma proposta.

Vem de longe a crença nacional na reforma tributária. Políticos e empresários, direita e esquerda, todos apóiam a idéia de um projeto capaz de, ao mesmo tempo, reduzir a carga sobre quem paga demais e manter ou até elevar a arrecadação do governo; um novo ordenamento jurídico que eliminaria o excesso de impostos e atrairia para a legalidade uma multidão de biscateiros, contrabandistas, empresas de fundo de quintal e grandes sonegadores; um modelo que estimule as exportações, os investimentos, o crescimento econômico. Não é improvável que as raízes de tanta esperança possam ser encontradas na reforma conduzida pelos militares nos primeiros anos do regime, quando surgiram o ICM e o IPI — e o Brasil se tornou um dos pioneiros no que havia de mais moderno em tributação do consumo. Na década seguinte, as maiores taxas de crescimento econômico da história nacional fariam cair pela metade os índices de pobreza. Se nenhum estudo econométrico pode mensurar com exatidão o quanto a reforma contribuiu para os anos de prosperidade, é fácil constatar a atração despertada pela idéia de desenhar em uma prancheta o sistema tributário ideal. Sem a ajuda dos fuzis, porém, ficou mais difícil levar os projetos adiante.

"A aplicação de princípios usualmente aceitos na área de tributação — simplicidade, justiça e neutralidade — recomenda a extinção de inúmeros impostos e contribuições", dizia o relatório da comissão de Collor, antes de listar 15 tributos que "complicam a vida do contribuinte, estimulam a sonegação, distorcem preços relativos e acentuam a regressividade". ICMS, IPI, ISS, PIS e Cofins dariam lugar a um Imposto sobre Valor Agregado (IVA) e mais um imposto federal a ser aplicado sobre produtos como bebidas, cigarros e automóveis, como acontece na maior parte do mundo desenvolvido.

Avançava-se ainda sobre outro problema usualmente apontado no sistema brasileiro: o excesso de encargos trabalhistas cobrados dos empregadores sobre o valor dos salários, que ajuda a manter algo como a metade dos trabalhadores na informalidade. O texto reduzia a contribuição de patrões e empregados para a previdência e extinguia, entre outras, a contribuição para o salário-educação. A carga tributária, pelos cálculos da comissão, seria mantida no patamar de 25% do PIB, ou até poderia cair um pouco. As propostas foram elogiadas, apresentadas em seminários, viraram livro e serviram de base para uma dezena de projetos de reforma nos anos seguintes — e pouco além disso. O futuro mostraria que a queda do presidente após um inédito processo de *impeachment* não era, como se pensava na época, a explicação para o malogro da reforma.

Um único e inusitado resultado concreto saiu da proposta da comissão de notáveis. Se nenhum dos tributos indesejáveis listados pelo relatório foi extinto, uma certa Contribuição sobre Transações Financeiras (CTF), cuja criação era prevista no projeto para manter a arrecadação da seguridade social, transformou-se, um ano depois, no IPMF e, mais tarde, na CPMF. Mais ironicamente ainda, a CTF se inspirava na proposta extrema de substituir todos os tributos do país por um imposto cobrado sobre as operações bancárias. Lançado em 1990 pelo economista e ex-deputado Marcos Cintra, o Imposto Único mobilizou a opinião pública, foi atacado pela Receita Federal, deu início a uma febre de propostas de reforma tributária e se tornou um imposto a mais.

Logo em seu primeiro ano de mandato, Fernando Henrique Cardoso enviou ao Congresso uma proposta de reforma muito mais acanhada que sua antecessora, embora mantivesse o foco na simplificação dos tributos indiretos. O texto se limitava a incorporar o IPI ao ICMS, que passaria a ter uma legislação única, federal. Em outras palavras, os Estados perderiam o poder de legislar sobre sua principal fonte de arrecadação. Dois anos depois, o próprio governo desistiu do projeto e apresentou outro, agora bem mais parecido com a matriz do governo Collor — ou seja, com a substituição de todos os tributos sobre o consumo por um IVA. O texto foi sendo alterado e remendado pelos parlamentares para atender a uma série de *lobbies* de Estados, municípios, sindicatos e entidades empresariais até que, em 1999, o governo trabalhou para derrubar a versão votada pela comissão especial da Câmara.

Mais dois anos e o governo tucano produziu uma terceira proposta, retornando à idéia menos ambiciosa de simplesmente reformar o ICMS, maior imposto do país, estabelecendo uma legislação única e reduzindo o número de alíquotas de 44 para cinco. Um presidente já sem força política, uma economia em crise, uma reforma desmoralizada e o projeto mal foi percebido pelo mundo político. Com uma exceção importante: em 2003, Lula chegou ao poder, deixou de lado suas teses do tempo de oposicionista e reciclou o projeto de reforma do ICMS, acrescentando ao texto mais uma prorrogação da CPMF e a cobrança de PIS e Cofins sobre produtos importados. Aumentos e prorrogações de tributos foram aprovados, mas as alterações do sistema empacaram no Congresso.

Cinco anos se passam e o petista apresenta, em 2008, uma nova proposta. Agora, volta à cena o IVA, substituindo PIS, Cofins, Cide e contribuição para o salário-educação, mais uma promessa de, como na reforma original de Collor, reduzir a contribuição previdenciária patronal.

Nessas quase duas décadas, todas as tentativas de reforma sofreram com uma contradição de origem. De um lado, havia dezenas de milhares de eleitores, contribuintes e consumidores esperando pagar menos impostos ou, pelo menos, rejeitando a hipótese de pagar mais; do outro, um presidente da República, 27 governadores e mais de 5.500 prefeitos que não aceitam arrecadar menos e, se possível, querem arrecadar mais.

Pior ainda, a mesma sociedade que demanda queda da carga tributária cobra mais e melhores serviços do Estado, de hábito traduzidos — embora essa identificação seja muito questionável — em aumento de gastos. Controlar o orçamento da saúde ou da educação não significa, necessariamente, piora dos hospitais ou do ensino público; dependendo da gestão, resultados melhores podem ser obtidos com o mesmo ou menos dinheiro. No entanto, progressos administrativos dão resultados lentos e incertos, enquanto o clamor político por mais recursos é imediato e garantido. Não por acaso, os gastos públicos, sociais em especial, cresceram continuamente ao longo desse período, e todas as reformas foram paralisadas quando alguma esfera de governo temeu perder receita.

Outros obstáculos derivam de interesses nem tão visíveis, mas não menos influentes. A tradição latino-americana de fixar previamente o destino da receita de impostos, taxas e contribuições criou feudos tributários no setor público. A arrecadação do PIS é repartida entre o Ministério do Trabalho e o Banco Nacional de Desenvolvimento Econômico e Social (BNDES); a da Cofins é da seguridade; da Cide é para obras em estradas; do salário-educação, como o nome diz, é do setor. Em torno dessas fontes de recursos se formam grupos de pressão, com votos no Congresso, organizados para preservar e ampliar suas verbas carimbadas. As centrais sindicais, por exemplo, rejeitam reduzir a contribuição previdenciária; a Zona Franca de Manaus luta contra a extinção do IPI, porque suas empresas, ao contrário das concorrentes no resto do país, são isentas do imposto; as entidades empresariais são favoráveis a qualquer redução de tributos, menos das contribuições incidentes na folha de salário e destinadas a suas confederações.

Afinal, para quem paga, imposto justo é o cobrado dos outros. E, para quem arrrecada, não se mexe em time que está ganhando.

Epílogo

"O maior aumento que já houve em tempo de paz, em qualquer país do Ocidente." O tucano José Serra falava da evolução da carga tributária brasileira em um jantar de adesão à sua candidatura à Presidência da República, em 29 de abril de 2002, a uma platéia de cerca de 350 grandes empresários que haviam desembolsado R$ 2.500 para ouvi-lo no hotel Intercontinental, em São Paulo. Economista, relator do capítulo da Constituição sobre impostos e contribuições, ex-ministro do Planejamento e da Saúde, o candidato tentava levar adiante a missão quase impossível de representar um governo desgastado por oito anos de poder e uma sucessão de crises financeiras, algumas originadas no exterior, outras fabricadas em casa — e de defender uma política econômica da qual discordava. Serra havia sido um adversário das opções liberais de FHC, mas, diante dos temores provocados por Lula, que só depois se mostrariam infundados, era a opção menos pior para o mercado.

Campanhas eleitorais são propícias para frases de efeito e exageros retóricos. Há exemplos de escaladas tributárias semelhantes à brasileira — pouquíssimos e, em geral, dramáticos. Em 1974, com a Revolução dos Cravos, Portugal deixou para trás um regime autoritário de inspiração fascista iniciado quatro décadas antes. A Espanha fez o mesmo no ano seguinte, quando morreu o generalíssimo Francisco Franco, ditador desde 1939. O atraso dos dois países não era apenas institucional: portugueses e espanhóis estavam longe dos níveis de renda e dos indicadores sociais dos primos ricos do continente. Os anos seguintes seriam de consolidação da democracia, reformas do Estado e da economia, criação de programas de seguridade e ingresso na União Européia. De uma carga tributária em torno de 18% do PIB ao final de suas ditaduras, Portugal e Espanha já ultrapassavam a casa dos 25% no início dos anos 80 e dos 30% nos 90.

Na divisa entre o Ocidente e o Oriente, a Turquia passou por um arrocho ainda mais fulminante. Do início ao final da década passada, em meio a uma seqüência de terremotos políticos, econômicos e literais, conflitos entre secularistas e fundamentalistas islâmicos, uma inflação que passou dos 100% ao ano e alternâncias de períodos de prosperidade com recessões agudas, a carga subiu de 20% para pouco mais de 30% do PIB

— o que possibilitou ao país cumprir as metas de ajuste negociadas com o FMI.

A uma distância segura de tantos solavancos, perto do Pólo Norte, a Islândia harmonizou, entre 1995 e 2005, um surto de abertura de sua economia ao exterior e de expansão do Estado, que, de 30% passou a consumir 40% da renda de uma população inferior à de Itaquaquecetuba. Os pouco mais de 300 mil islandeses contam com uma corrente marítima que ameniza o frio na ilha e o maior Índice de Desenvolvimento Humano do planeta, segundo as Nações Unidas.

A carga tributária não esteve entre os temas mais comentados nas eleições de 2002. Enquanto o Brasil conquistava sua quinta Copa do Mundo, havia emergências a tratar: investidores fugiam em massa do país, não havia crédito externo nem para as importações, o dólar chegava a R$ 4, a inflação ameaçava voltar e mais uma ajuda do FMI, a terceira desde o Plano Real, era necessária. Não se falava disso com os microfones ligados, mas todos sabiam que seria preciso apertar as contas para evitar uma nova explosão da dívida pública — e mesmo os empresários mais engajados nos *lobbies* pela redução de impostos sabiam que a arrecadação teria de subir ainda mais. Eleito, Lula dissipou o pânico da maneira mais simples e eficaz, ao mostrar a todos que, ao contrário das promessas divulgadas pelo PT, não dobraria o poder de compra do salário mínimo, não multiplicaria os gastos com saúde e educação nem faria a misteriosa e temida "ruptura" anunciada em um dos documentos de sua campanha. Num requinte de ironia, o documento "Política Econômica e Reformas Estruturais", lançado no primeiro ano do mandato com ares de novo programa de governo, anunciava uma "ruptura com o passado de ausência de disciplina fiscal". Mas isso também não era para valer.

Afastadas as tensões domésticas e com a economia global ingressando em um momento de bonança que não se via desde a década de 70, o preço a pagar pelo tamanho do Estado ficou mais claro. Nos anos seguintes, o Brasil apresentaria, entre as principais economias emergentes, o pior desempenho no crescimento econômico. Argentina, Coréia do Sul, Malásia, Tailândia, Indonésia, Turquia, Rússia, que também haviam passado por crises financeiras na década de 90, agora mostravam um desempenho melhor que o brasileiro. Não eram apenas os efeitos nocivos da carga tributária nacional sobre as exportações e os investimentos; dívida alta e gastos públicos em contínua expansão também contribuíam para as taxas de juros mais altas do mundo, necessárias, ao menos segundo o Banco Central, para o controle das pressões inflacionárias. A cada ensaio de avanço, obstáculos apareciam, em especial na carência de estradas, portos, energia elétrica, mão-de-obra qualificada. As despesas crescentes com a seguridade social tiravam espaço, no Orçamento federal, dos investimentos em infra-estrutura. E, equacionadas as urgências financeiras, a tolerância política com o aumento de impostos começou a dar sinais de esgotamento.

O primeiro data do *réveillon* de 2005. Enquanto os contribuintes faziam os últimos preparativos para a ceia de ano novo, uma edição extra do *Diário Oficial da União* provocou uma pequena comoção com a edição de uma medida provisória que elevava a tributação sobre a prestação de serviços por profissionais liberais. Tratava-se de um aumento ínfimo da carga tributária, que só afetaria de maneira direta um contingente inferior à população da Islândia. Mas o que contava, no caso, eram as circunstâncias: com data de 30 de dezembro, quinta-feira, último dia útil do ano, a tal edição extra do *Diário Oficial* foi tão pouco vista que poderia se tornar exemplar de colecionador; a medida, além de inesperada, havia sido incluída no texto de uma MP negociada previamente que deveria simplesmente corrigir a tabela do Imposto de Renda, ou seja, reduzir a tributação; e o governo já havia promovido um aumento do PIS e da Cofins intenso a ponto de elevar a inflação.

A MP 232 desencadeou uma mobilização de líderes empresariais, entidades de classe, especialistas e partidos de oposição — e nenhum dos partidos aliados ao Planalto teve a disposição de defender a medida. O governo Lula tentou se justificar, negociar alterações no texto e até derrubar integralmente a MP, inclusive o alívio no IR. Nada deu certo. O Congresso aprovou a correção na tabela e derrubou a tributação extra dos prestadores de serviço. Naquele e nos dois anos seguintes, nenhum aumento de imposto seria aprovado pelos parlamentares. Nem mesmo a prorrogação da CPMF, quando Lula contava com o apoio dos dois principais candidatos à sua sucessão, José Serra, agora governador de São Paulo, e Ciro Gomes, agora no PSB.

Quando pareciam se esgotar as condições de manter o aumento contínuo da carga tributária, o ministro da Fazenda, Antonio Palocci, começou a elaborar e debater com a oposição um plano de controle dos gastos públicos. Limitando a expansão das despesas, especialmente as da seguridade, seria possível interromper pacificamente a alta dos impostos e, de quebra, abrir espaço no Orçamento para os tão reclamados investimentos em infra-estrutura necessários para uma retomada vigorosa do crescimento econômico. Tais argumentos nunca chegaram a viabilizar um projeto de verdade. A estratégia do ministro foi engolida pelo escândalo do mensalão, que obrigou Lula a abrir como nunca os cofres do Tesouro para restaurar seu capital político, e pela oposição da ministra da Casa Civil, Dilma Rousseff. O próprio Palocci deixou o governo no ano da reeleição a bordo de seu escândalo particular, a quebra do sigilo bancário do caseiro Francenildo.

A campanha de 2006 deu vitória política indiscutível ao aumento do gasto público: petistas e tucanos renegaram publicamente todas as suas propostas de ajuste fiscal e reforma da Previdência Social. Das idéias neoliberais discutidas antes e durante a campanha, só ficou a vontade de aumentar também os investimentos em infra-estrutura. É o que conhecemos hoje como PAC — cuja maternidade foi assumida pela neopresidenciável Dilma.

Até aqui, a contradição entre a rejeição a mais impostos e a demanda por mais gastos públicos tem sido pacificada pela melhora da conjuntura econômica, que faz a arrecadação crescer com o consumo das famílias e os lucros das empresas. Mas, especialmente no Brasil, essa não é uma solução com a qual se possa contar por muito tempo.

Anexo Estatístico

Carga tributária em países selecionados (em % do PIB)

País	Renda *per capita* (US$)	Carga
Suécia	32.706	50,7%
Reino Unido	31.580	36,5%
Alemanha	30.505	34,8%
Brasil	8.603	34,1%
Turquia	11.006	32,3%
Austrália	32.898	30,9%
Japão	30.315	27,4%
Estados Unidos	41.970	27,3%
Coréia do Sul	21.342	25,5%
México	11.387	19,9%

Obs.: Renda *per capita* ajustada conforme o poder de compra de cada moeda local. Dados de 2005, exceto carga tributária brasileira (2006).
Fontes: Organização para a Cooperação e o Desenvolvimento Econômico (OCDE) e Fundo Monetário Internacional (FMI).

Evolução da carga tributária no Brasil (em % do PIB)

ANO	CARGA
1900	10,6%
1910	12,5%
1920	7%
1930	8,4%
1940	13,6%
1950	14,4%
1960	17,4%
1970	26%
1980	24,5%
1991 (*)	25,2%
2000	30,3%
2006	34,1%

(*) Não foi utilizado o ano de 1990 em razão das distorções nas estatísticas provocadas pelo Plano Collor, que resultaram em um aumento abrupto da carga para 30,5%. No ano seguinte, foi restabelecido o patamar de 25% do PIB usual no período.
Fontes: Instituto Brasileiro de Geografia e Estatística (IBGE) e Receita Federal (a partir dos anos 90).

Arrecadação dos tributos indiretos e participação na receita total (em 2006)

TRIBUTO	R$ BILHÕES	% DA RECEITA
ICMS	171,7	21,6%
COFINS	90,6	11,4%
CPMF	32,1	4%
IPI	28,2	3,6%
PIS/PASEP	23,6	3%
ISS	15,3	1,9%
II e IE	9,9	1,2%
CIDE	7,8	1%
IOF	6,7	0,8%
OUTROS (*)	9,2	1,2%
TOTAL	401,8	49,7%

(*) Inclui outras contribuições econômicas e taxas federais, estaduais e municipais
Obs.: A CPMF é considerada um tributo indireto porque a maior parte de sua arrecadação vem da movimentação bancária de empresas, que repassam o custo aos preços.
Fonte: Receita Federal.

Referências

Os eventos narrados no livro a partir da década de 90 foram testemunhados ou, pelo menos, acompanhados de perto ao longo da cobertura da política econômica do período e das eleições presidenciais de 1994, 2002, e 2006.

As estatísticas citadas estão disponíveis nos *sites* de Receita Federal [www.receita.fazenda.gov.br], Tesouro Nacional [www.tesouro.fazenda.gov.br], Banco Central [www.bcb.gov.br], Ipea [www.ipeadata.gov.br], IBGE [www.ibge.gov.br] e FMI [www.imf.org].

O *site* da OECD [www.oecd.org], além de dados, contém estudos sobre a evolução dos indicadores econômicos e sociais em diferentes países.

A história do Imposto de Renda no Brasil pode ser consultada em: http://www.receita.fazenda.gov.br/memoria/irpf/historia/historia.asp

A história do Imposto de Renda na Inglaterra está contada em: http://www.hmrc.gov.uk/history

Também foram consultadas as seguintes obras:

Afonso, José Roberto; Araujo, Erika Amorim e Vianna, Salvador Werneck, *Carga Tributária Indireta: Análise da Incidência Efetiva Sobre as Famílias*. Washington: Banco Interamericano de Desenvolvimento, 2004.

Ferreira, Roberto Nogueira, *A Reforma Essencial*. São Paulo: Geração Editorial, 2002.

Friedlander, Paul, *Rock And Roll — Uma História Social*. Rio de Janeiro: Record, 2002.

Giambiagi, Fabio e Alem, Ana Claudia, *Finanças Públicas — Teoria e Prática no Brasil*. Rio de Janeiro: Campus, 2007.

Varsano, Ricardo; Pessoa, Elisa de Paula; Silva, Napoleão Luiz; Afonso, José Roberto; Araujo, Erika Amorim e Raimundo, Julio Cesar, *Uma Análise da Carga Tributária do Brasil*. Brasília: Ipea, 1998.

Viol, Andréa Lemgruber, *O Processo de Reforma Tributária no Brasil: Mitos e Verdades*. Brasília: Editora da UnB, 2000.

Sobre o autor

GUSTAVO PATU é jornalista. Na *Folha de S.Paulo* desde 1992, é coordenador de economia na sucursal de Brasília. Foi secretário-assistente de Redação, em São Paulo, encarregado da edição da primeira página. Participou da cobertura do Plano Real e das sucessivas crises financeiras ocorridas entre 1995 e 2003. É autor de *A Especulação Financeira* (Publifolha, série "Folha Explica").

© 2008 Publifolha – Divisão de Publicações da Empresa Folha da Manhã S.A.

Todos os direitos reservados. Nenhuma parte desta publicação pode ser reproduzida, arquivada ou transmitida de nenhuma forma ou por nenhum meio sem a permissão expressa e por escrito da Publifolha — Divisão de Publicações da Empresa Folha da Manhã S.A.

Editor *Arthur Nestrovski*
Editor-assistente *Rodrigo Villela*
Coordenação de produção gráfica *Soraia Pauli Scarpa*
Assistente de produção gráfica *Mariana Metidieri*
Capa e projeto gráfico *Rita da Costa Aguiar*
Editoração Eletrônica *Leika Yatsunami*
Foto da capa © *LatinStock*
Revisão *Daniel Bonomo*

Dados Internacionais de Catalogação na Publicação (CIP)
(Câmara Brasileira do Livro, SP, Brasil)

Patú, Gustavo
A Escalada da Carga Tributária / Gustavo Patú.
— São Paulo : Publifolha, 2008. — (Série 21)

ISBN 978-85-7402-929-0

1. Impostos 2. Impostos - História 3. Tributação
I. Título. II. Série.

08-06280 CDD-336.2

Índice para catálogo sistemático:
1. Carga tributária : Economia 336.2
2. Tributos : Economia 336.2

PubliFolha

Divisão de Publicações do Grupo Folha
Al. Barão de Limeira, 401, 6º andar
CEP 01202-900, São Paulo, SP
Tel.: (11) 3224-2186/2187/2197
www.publifolha.com.br

Este livro foi composto nas fontes Fairfield
e The Sans e impresso pela Prol Gráfica em julho
de 2008 sobre papel Chamois Bulk Dunas 90g/m².